Arsène Houssaye

Boucher et la peinture sous Louis XV

Beaux-Arts

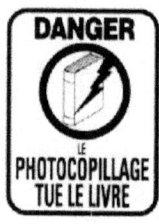
ISBN : 978-1548828349

10 9 8 7 6 5 4 3 2 1

Arsène Houssaye

Boucher et la peinture sous Louis XV

Beaux-Arts

Table de Matières

Section I

Dans l'histoire de la peinture en France aux XVIIe et XVIIIe siècles, on voit deux écoles ou plutôt deux familles de peintres se produire presque en même temps et régner tour à tour : l'une grande et forte, qui puise sa vie dans les saintes inspirations de Dieu et de la nature, qui embellit encore la beauté humaine par le souvenir du ciel et la lumière de l'idéal ; l'autre gracieuse et coquette, qui n'attend pas l'inspiration, qui se contente d'être jolie, de sourire, de charmer même aux dépens de la vérité et de la grandeur. Ce qu'elle cherche, ce n'est pas la beauté pure et naïve où rayonne le divin sentiment : elle ne veut que séduire. La première famille représente l'art dans toute sa splendeur, la seconde n'est que le mensonge de l'art. Au XVIIe siècle, le Poussin et Mignard sont les chefs de ces deux familles l'un a la beauté de la force et de la naïveté, l'autre celle de la grâce et de l'esprit. Ce contraste si éclatant se reproduit au XVIIIe siècle, en s'affaiblissant, par les Vanloo et Boucher. Les Vanloo, soit qu'ils n'aient pas attendu l'heure de l'inspiration, soit qu'ils n'aient pu s'élever assez haut pour saisir la souveraine beauté, sont partis avec la noble ardeur du Poussin et n'ont abouti qu'à la grandeur théâtrale ; ils sont restés à mi-chemin, mais au moins ils ont toujours gardé un souvenir du point de départ. Quand le talent a fait défaut, le but a sauvé l'œuvre. On ne peut oublier ces francs artistes venus de la Flandre avec la sève de leurs prairies un grand peintre d'aujourd'hui, qui prend la beauté partout où il la trouve, a dans son cabinet, parmi les œuvres les plus aimées, *la Femme nue* du vieux Jacques Vanloo.

On connaît déjà l'histoire de la grande famille des peintres français, du moins jusqu'à la fin du XVIIe siècle, par les belles et savantes pages qui ont paru dans cette *Revue* sous le titre d'*Eustache Lesueur*. Au XVIIIe siècle, malgré la noble tentative des Vanloo, l'art sérieux se débattait et expirait, vaincu par l'école profane de Watteau et de Boucher. Après avoir étudié dans les Vanloo cette agonie de la grande peinture, n'est-il pas curieux de contempler dans Boucher le caprice qui règne en maître sans tradition et sans avenir ? Boucher, quel que soit le jugement, quel que soit le dédain des uns ou la bienveillance des autres, tient à jamais une place dans l'histoire de l'art. On ne peut nier ce peintre qui régna quarante ans

Arsène Houssaye

accablé de fortune et de renommée, ce peintre protestant, à force de licence, contre les maîtres reconnus, ouvrant une école fatale à tout ce qui est noblesse, grandeur et beauté, mais non pas dénuée d'une certaine grâce coquette, d'une certaine magie de couleur, enfin d'un certain charme inconnu jusque-là. David, qui fut son élève, se rappela toujours, au milieu de ses froids Romains, les souriantes images de Boucher ; Girodet lui-même, qui recherchait la grandeur et le sentiment dans la simplicité, n'a jamais dédaigné ce peintre. Il recueillait avec sollicitude tous ses dessins à la sanguine, il s'y arrêtait en rêvant comme à des souvenirs de folle jeunesse. « Nous avons vieilli, disait-il à ce gracieux spectacle des bergères de cour ; les retrouverons-nous jamais ? Ce sont des maîtresses trompeuses longtemps oubliées qui nous apparaissent dans les ennuis du mariage. » Il est de bon goût de nier Boucher, on accuse par-là de grands airs sérieux ; mais, pour le critique de bonne foi, Boucher existe comme Louis XV existe pour l'historien.

Mignard, le premier en France, se laissa séduire par le mensonge de la grâce mondaine que proscrit l'art. L'art n'admet que le mensonge qui s'appelle l'idéal, c'est-à-dire tout ce qui ennoblit, tout ce qui élève, tout ce qui poétise la vérité. Ayant à faire le portrait des dames de la cour, Mignard ne les peignit pas comme elles étaient, mais comme elles voulaient être. De là tous ces sourires qui ne sont pas de ce monde et qui nous enchantent, de là tous ces regards levés au ciel, mais encore humides de volupté. On comprend qu'il fût le plus applaudi entre tous les peintres de portraits ; il mentait, tout le monde le savait, ses modèles comme lui-même, mais personne n'était si malavisé que de lui reprocher ses jolis mensonges : pas une de ses duchesses qui ne se trouvât d'une ressemblance frappante. Les peintres menteurs sont les peintres des femmes. Aussi celui-ci fit non-seulement une fortune brillante, il fit école, école charmante et dangereuse qui ne s'éteignit qu'à force d'abuser du mensonge. Sur les pas de Mignard, mais avec une allure plus piquante et plus fine, on vit briller Watteau. Mignard avait gâté ou embelli, selon qu'il vous plaira, les grandes dames de la cour ; Watteau s'en prit aux comédiennes, aux bourgeoises, aux paysannes ; on ne sait pas toutes les folles et ravissantes mascarades qu'il a créées en se jouant. Un autre menteur vint qui s'appelait Lemoine ; celui-là fit des mensonges plus sérieux, des mensonges mythologiques ; son œuvre la plus curieuse et la plus célèbre fut François Boucher, son élève, le menteur par excellence, le portrait le plus fidèle de son temps.

Lemoine avait surtout étudié à l'école de Rubens ; comme ce grand maître, il avait sacrifié la pureté de la ligne à l'éclat de la couleur. Le plafond de la chapelle de la Vierge à Saint-Sulpice et le salon d'Hercule à Versailles forment l'œuvre capitale de Lemoine. Certes, à en juger par ces peintures, ce n'était pas là un artiste sans force et sans grâce, mais il alla droit au mauvais goût, en recherchant la richesse plutôt que la grandeur, la magie plutôt que la beauté.

Lemoine, Coypel, De Troy, Largillière et les Boulogne étaient alors chefs d'école ; Watteau, plus franchement artiste qu'eux tous, ne passait à leurs yeux que pour un décorateur d'Opéra. Cependant il était plus vrai dans son mensonge charmant que tous ces chefs d'école qui saisissaient la vérité de travers. Depuis la mort de Lesueur, la France attendait un grand peintre. Elle devait attendre longtemps. Lebrun avait attiré les regards qui se détournaient du Poussin et de Lesueur, dont on ne reconnaissait pas encore la sublime royauté. On étudiait au hasard, tantôt à Rome d'après Carle Marate et l'Albane, qu'on prenait pour de grands peintres, tantôt à Paris d'après Lebrun et Mignard, qu'on croyait plus grands que le Poussin et Lesueur. En 1750, avant les critiques de Diderot, le marquis d'Argens, qui était un homme d'esprit, jugeant d'après les idées de son temps, déclarait que Mignard égalait le Corrège, Lebrun Michel-Ange, et Lemoine Rubens.

Après la mort de Mignard et de Lebrun, Lemoine prit la première place ; il en était plus digne que les De Troy et les Coypel. Lui seul laissa un élève reconnu, François Boucher, dont le marquis d'Argens parle ainsi : « Génie universel qui rassemble en lui les talents de Véronèse et du Gaspre, choisissant dans la nature ses plus gracieux airs de tête. »

Boucher est né à l'heure où mourait Bossuet ; il ne restait plus que des vestiges du grand règne. Fontenelle seul, ce pressentiment du XVIIIe siècle, se montrait debout grand comme un nain sur la tombe de Corneille, du Poussin, de Molière, de Lesueur et de La Fontaine. La France était épuisée par ses magnifiques enfantements ; les saintes mamelles de la mère-patrie étaient presque desséchées, quand Boucher y suspendit ses lèvres. Qui le croirait cependant ? Boucher fut une des plus saisissantes expressions de tout un siècle. En effet, durant cinquante ans, le XVIIIe siècle ne fut-il pas, comme Boucher, folâtre, riant de tout, courant du caprice à la moquerie, s'enivrant de légers mensonges, remplaçant l'art par l'artifice, vivant au jour le jour, sans souvenirs, sans espérances, dédaignant la force pour la grâce, éblouissant les autres et lui-même par des couleurs factices ? Quand la poésie et le goût s'égaraient si volontiers avec l'abbé de Voisenon et Gentil-Bernard, quand la musique chantait par la voix de Philidor, qui s'étonnera que la peinture ait joué avec le pinceau de Boucher ?

Section II

Ce peintre est né à Paris en 1704. A voir un de ses tableaux, on sent tout de suite qu'il a habité les pierres et non les champs. Il n'a jamais pris le temps de regarder ni le ciel, ni la rivière, ni la prairie, ni la forêt ; on se demande même s'il a jamais vu sans prisme un homme, une femme ou un enfant tel que Dieu les fait. Boucher a peint un nouveau monde, le monde des fées, où tout s'agite, aime, sourit d'une autre façon qu'ici bas. C'est un enchanteur qui nous amuse, nous distrait, nous charme et nous éblouit aux dépens de la raison, du goût et de l'art ; il rappelle un peu ce vers du cardinal de Bernis, digne poète d'un tel peintre :

A force d'art, l'art lui-même est banni.

Il y avait eu des peintres du nom et de la famille de Boucher : un entre autres qui a laissé de merveilleux dessins à la sanguine sur des sujets mythologiques. Celui-là fut le maître de Mignard ; Mignard donna des leçons à Lemoine, Lemoine à Boucher, de sorte que ce peintre put recueillir les traditions de son bisaïeul. Par malheur il eut le mauvais esprit de ne prendre à la tradition que ce que lui avaient ajouté de faux Mignard et Lemoine.

Les biographes disent qu'il était né peintre. Pour les biographes, un peintre célèbre ou un poète, illustre est toujours né peintre ou poète. Le moyen de les démentir ? Boucher n'a jamais eu la ferveur d'un artiste sérieux, il n'a jamais sacrifié à la religion de l'art. Il est devenu peintre sans plus de façon que s'il fit devenu journaliste.

C'était le beau temps où Voisenon se faisait prêtre en écrivant des opéras. La foi manquait à tout le monde, dans les arts, dans les lettres, au pied de l'autel, jusque sur le trône. Louis XV croyait-il à la royauté ? Mais comment accuser Boucher ? Ne se fût-il pas couvert de ridicule s'il eût été un artiste sérieux, étudiant avec patience, pâlissant sous les grands rêves ? Il aima mieux être de son siècle, de son temps et de son âge. Il commença par être jeune, par jeter au premier vent venu toutes les roses de ses vingt ans ; il eut deux ateliers : l'un c'était celui de Lemoine ; l'autre, le plus hanté, c'était l'Opéra. Boucher n'était-il pas là sur son vrai théâtre ? N'était-ce pas à l'Opéra qu'il trouvait ses paysages et ses figures ? Paysages d'opéra, figures d'opéra, sentiments d'opéra, voilà presque Boucher. Les deux ateliers contrastaient singulièrement : dans le premier, Lemoine, grave, triste, dévoré d'envie et d'orgueil, mécontent de tout, de ses élèves et de lui-même ; dans le second, tout le riant cortège des folies humaines, l'or et la soie, l'esprit et la volupté, la bouche qui sourit et la jupe qui vole au vent. C'était le beau temps où Camargo trouvait ses jupes trop longues pour danser la gargouillade. Pour voir de plus près toutes ces merveilles, Boucher demanda la grâce de peindre un décor. Il ramassa le pétillant pinceau de Watteau pour créer à grands traits des nymphes et des naïades. Carle Vanloo vint se joindre à lui ; en peu de temps ils se rendirent maîtres de tous les décors et de tous les espaliers (c'était le nom des choristes du temps).

Il florissait alors, dans le monde et hors du monde, un cercle de beaux esprits comme le comte de Caylus, Duclos, Pont de Veyle, Maurepas, Montcrif, Voisenon et Crébillon le gai ; Collé et quelques enfants prodigues de la bourgeoisie y avaient leurs entrées, grâce à leur esprit ou à leur gaieté. C'était le jokey-club ou la jeune académie du temps. On y faisait sur toutes choses des couplets et des complaintes en forme de gazette qui couraient la ville et la cour, des parades qui se jouaient dans les salons et en plein vent, des contes licencieux qu'on se passait comme des nouvelles à la main. C'était de la vraie littérature d'opéra ; aussi Boucher fut accueilli avec faveur dans la société de *ces messieurs* ; c'était le nom qu'ils prenaient. Plus tard d'Alembert jugea *ces messieurs* un peu durement en disant de leurs œuvres communes : « C'est une crapule plutôt qu'une débauche d'esprit ». Duclos, le représentant de cette académie de mauvais goût, était peint ainsi par Mme de Rochefort, en ce qui touchait les passions du cœur ; il parlait du paradis que chacun se fait ici-bas à sa manière : « Pour vous, Duclos, voici de quoi composer le vôtre quand vous êtes amoureux : la première venue. » Ce portrait pouvait s'appliquer à Boucher et à tous les membres du cercle.

Au lieu de suivre pas à pas une biographie toute parsemée d'anecdotes galantes plus ou moins curieuses, j'aime mieux reproduire une aventure qui montre Boucher au plus beau temps de sa vie, cherchant l'art et l'amour dans la vérité, les fuyant dès qu'il les a trouvés pour retomber plus avant dans le mensonge de l'art et de l'amour. Non, je ne vous raconterai pas toutes les folâtreries de Boucher à l'Opéra, ces épanouissements de gaieté licencieuse où le cœur n'était pour rien. C'est là un thème suranné ; tous les faiseurs de mémoires ont passé par-là, cette raison seule doit nous en détourner. A quoi bon d'ailleurs évoquer l'ombre de ces amours sans feu ni lieu, sans foi ni loi, qui ne lançaient que des flèches émoussées ? Suivons donc Boucher dans ces jours rares où son cœur fut en jeu, où son talent devint presque sévère. Il est bon d'être jeune et de rire, mais quoi de plus triste qu'un homme qui rit toujours ?

Boucher se dégoûta lui-même assez vite de l'Opéra ; ces semblants de peinture qu'il créait comme par magie pour décorer *Castor et Pollux*, de Rameau et de Gentil-Bernard ; ces semblants d'amour qu'il cueillait, — roses fanées sans épines, et Dieu sait tout ce que vaut une épine qui défend une rose ! -ces semblants de peinture et d'amour l'avaient égaré, ébloui, enchanté tant que la main blanche de la jeunesse sema avec une folle ardeur des primevères odorantes sur son chemin. Mais la jeunesse la plus riche et la plus prodigue est aussi la plus vite épuisée : Boucher s'éveilla un matin triste et désenchanté, sans savoir pourquoi. Il finit par comprendre qu'il avait jusque-là profané son cœur et son art, qu'il venait de perdre ainsi toute l'aurore éblouissante de sa vie. Il releva la tête avec un reste de fierté native. « Il est toujours temps de bien faire, » dit-il un jour à son maître, dont il ne suivait plus les leçons que de loin en loin. De son boudoir il fit un atelier, il retourna toutes les galantes ébauches appendues de toutes parts : l'amour oiseleur, l'amour moissonneur, l'amour vendangeur, vous devinez tout ce gai et sémillant poème où l'amour n'a pas le temps de soupirer. Il ferma sa mythologie mille fois entr'ouverte : il acheta une Bible ; mais, s'il avait lu la mythologie avec ferveur, il eut à peine la force de feuilleter la Bible et d'y promener un regard distrait. Par malheur pour lui, il savait la mythologie par cœur, Cupidon lui cachait l'enfant Jésus, les amours lui cachaient les anges, les nymphes de Vénus lui cachaient les vierges du paradis. Cependant il ne se découragea pas du premier coup. Il persista à feuilleter le livre des livres, il vit Rachel à la fontaine ; le malheureux peintre prédestiné ! il se rappela tout de suite Vénus au bain et Camargo qui posait souvent pour les faiseurs de Vénus. Il ferma la Bible, se disant que, pour oublier les minois chiffonnés de l'Opéra, il fallait tout simplement voir des figures naïves ; mais où les trouver alors, à moins de les prendre au berceau ? Qui sait ? le travail est un noble préservateur ; peut-être, en descendant chez le peuple, il retrouvera quelque figure angélique, où l'esprit ou plutôt le démon du siècle n'aura point passé, une figure digne de lui faire comprendre la grande simplicité de la Bible. Boucher chercha donc des inspirations en plein vent, résolu de traverser la grande ville dans tous les sens, résolu même d'aller, s'il le fallait, étudier en pleine campagne, sous le soleil de la prairie ou à l'ombre de quelque sainte église de village. Durant près de trois semaines, il vécut seul ; il finit par se délivrer peu à peu, lambeau par lambeau, de tous ses mordants souvenirs d'Opéra. « Que fais-tu donc ? lui demanda un jour le comte de Caylus. — Je fais pénitence, » répondit-il d'un air distrait.

La volonté est la souveraine maîtresse du monde. Un homme de bonne volonté peut tout conquérir : une vertu sauvage, une gloire inespérée, le génie même, cette échelle du ciel que Dieu n'accorde çà et là que pour joindre le ciel à la terre, sauf à la briser quand l'homme monte trop vite ou trop lentement. A force de volonté, qui le croirait ? Boucher jeta un voile sur le passé, il brisa les prismes trompeurs qui l'aveuglaient sur ce monde, il découvrit un autre horizon, une nouvelle lumière. C'est qu'une fille de son voisinage, que jusque-là il avait à peine remarquée, tant sa candeur sublime lui semblait niaise et fade, lui apparut tout d'un coup belle de la souveraine beauté, cette beauté qui est l'image du ciel.

Son atelier ou son boudoir était rue de Richelieu. Non loin de là, dans la rue Sainte-Anne, il passait presque tous les jours devant la boutique d'une fruitière ; sur le seuil de la porte, une jeune fille lui apparaissait souvent sans trop le frapper, quoiqu'elle fût belle, simple et touchante. Séduit par les mines de Camargo, pouvait-il être sensible à une si douce et si chaste beauté ? Un jour, après trois semaines d'austère solitude, il s'arrêta émerveillé devant la boutique de la fruitière. C'était au temps des cerises. Des paniers fraîchement cueillis alléchaient les passants par leurs couleurs charmantes ; des tresses de feuillage cachaient à moitié le fruit encore un peu vert. Mais ce ne fut pas pour les cerises que s'arrêta Boucher. A son passage, la fille de la fruitière, bras nus, cheveux dénoués, servait une voisine. Il fallait la voir prendre délicatement des cerises d'une main délicate, les passer sans autre balance dans le giron de la voisine, accorder un divin sourire pour les quatre sous dont on la payait. Le peintre eût donné quatre louis pour les cerises, pour la main qui les servait, et surtout pour le divin sourire. Quand la voisine se fut éloignée, il avança de quelques pas sans trop savoir ce qu'il allait dire. Il était passé maître en l'art de la galanterie ; pas une femme qu'il ne sût attaquer par le bon côté, de face, de profil ou en lui tournant le dos ; il avait été à bonne école ; depuis longtemps il s'était dit, comme plus tard Danton à propos des ennemis : « De l'audace, de l'audace et encore de l'audace. » Il avait raison ; traiter une femme en ennemi n'est-ce pas la vaincre ? Cependant d'où vient que Boucher, ce jour-là, perdit tout sa force et toute son audace, à la vue de cette jeune fille si faible et si simple ? C'est que la force ne s'éveille que devant la force. Le serpent qui mordit Eve ne vint la surprendre dans sa faiblesse que parce que l'esprit du mal ne connaissait pas encore les femmes.

Boucher, qui s'était avancé résolument comme un homme qui est sûr du but, franchit, tout pâle et tout ému, le seuil de la fruitière, fort en peine de dire quelque chose de raisonnable. La jeune fille le regarda avec tant de calme et de sérénité, qu'il reprit un peu de raison.

— Mon Dieu, mademoiselle, ces cerises sont si fraîches, qu'elles m'ont séduit au passage.

— Combien en voulez-vous, monsieur ?

— Tout ce qu'il vous plaira ; je passerais ma vie dans ce monde et dans l'autre à voir cette belle et blanche main me servir des cerises.

— Ce serait bien long, surtout pour moi qui ne m'amuse pas trop à ce métier ; cueillir des cerises, passe encore, mais les vendre ! Combien en voulez-vous, monsieur ?

— Attendez, dit Boucher un peu enhardi, laissez-moi vous dire que vous êtes belle, et que je serais ravi de faire votre portrait.

— Ah ! vous êtes donc peintre ? C'est bien la peine de faire mon portrait. Ma belle-mère trouve que c'est déjà trop de l'original, et tout le monde est de l'avis de ma belle-mère.

— Excepté moi et quelqu'un encore.

— Qui donc ? demanda la jeune fille avec curiosité.

— Vous-même, et peut-— être quelqu'un encore.

— Je ne comprends pas.

— Je me trompais, dit Boucher, qui avait vu toute la candeur de Rosine dans sa surprise.

A cet instant, une femme encore verte, quoique sur le déclin de la jeunesse, sortit de l'arrière-boutique d'un air assez grimaçant.

— Pourquoi tous ces discours-là ? demanda-t-elle en maîtresse de maison et en belle-mère.

— Pour la chose du monde la plus simple, répondit Boucher ; je viens acheter des cerises : je n'ai pas d'argent, mais j'offre de les payer par un portrait.

— Mon portrait ? dit la belle-mère en s'épanouissant.

C'était une coquette sur le retour qui ne manquait pas d'une certaine beauté brutale.

— Oui, votre portrait, dit le peintre en s'inclinant avec grâce ; mais auparavant, madame, je veux faire celui de votre fille, ma main sera plus sure pour faire le vôtre.

— Merci, merci, dit la fruitière piquée ; payez vos cerises, et que tout soit dit.

— Cependant, ma mère, dit Rosine, nous ne serions pas fâchées d'avoir notre portrait à si bon compte.

— Et encore, dit Boucher pour appuyer cette réflexion naïve, je vous donnerai les cadres par-dessus le marché.

Arsène Houssaye

La belle-mère se laissa séduire ; le peintre demanda une poignée de cerises, les mangea avec un certain charme en songeant que Rosine les avait touchées de ses jolis doigts, inscrivit sa demeure avec de la craie sur un mur de la boutique, et, saluant la belle-mère avec grâce et Rosine avec admiration, alla se promener par la ville.

Le lendemain, vers midi, la fruitière et Rosine vinrent à l'atelier. Grande fut leur surprise quand elles virent toutes les folles richesses éparpillées dans cette curieuse demeure d'un artiste insouciant qui prenait l'argent d'une main pour le répandre de l'autre. La fruitière croyait trouver un pauvre diable dans son grenier, se chauffant au soleil et vivait de miettes, comme Lazare. — Je me suis trompée, dit-elle en s'excusant, et puisque vous êtes un homme d'honneur, je vous confie ma fille.

Vous comprenez que Boucher n'eut garde de la retenir ; il fit asseoir la jeune fille sur un divan, tailla son crayon, et se mit à l'œuvre de l'air du monde le plus grave. Rosine avait la beauté qui s'ignore, celle qui touche plutôt qu'elle ne séduit. Il y avait dans la pureté de son profil un doux souvenir des lignes antiques. Elle était brune, mais sa chevelure prenait à la lumière ces belles teintes dorées qui charmaient le Titien ; ses yeux étaient d'une couleur vague, comme le ciel à certaines soirées d'automne ; sa bouche, un peu grande peut-être, avait une divine expression de candeur, « une expression, disait Boucher, que Rosine gâtait en parlant, plutôt par les paroles que par le mouvement des lèvres. Aussi, les heures les plus douces que j'ai passées avec elles étaient les plus silencieuses ; j'aimais toujours ce qu'elle allait dire, et presque jamais ce qu'elle disait. »

L'artiste avait été séduit avant l'homme. Boucher avait commencé par voir un divin modèle ; mais, tout épris de son art qu'il était alors, il finit bientôt par ne plus guère voir qu'une femme en Rosine. Son cœur, qui n'avait jamais eu le loisir d'aimer dans la cohue des passions plus que profanées de l'opéra, sentit qu'il n'était pas stérile ; les fleurs de l'amour s'y montrèrent sous les flammes de la volupté. Boucher devint amoureux de Rosine, non pas en homme qui se fait un jeu de l'amour, mais en poète qui aime avec les larmes dans les yeux ; amour tendre, pur, digne du ciel, où il s'élève et d'où il est descendu. Rosine aima Boucher. Comment ne l'eût-elle pas aimé celui qui lui disait deux fois qu'elle était belle, une fois avec ses lèvres et une fois avec son talent ? car Rosine ne se reconnut vraiment belle qu'en voyant la tête de vierge que le peintre avait créée d'après celle de la jeune fille. Qu'arriva-t-il ? Vous le devinez ils s'aimaient, ils se le dirent. Un jour, après de trop tendres regards, le pinceau tomba des mains de l'artiste ! la jeune fille baissa les yeux…

— Ah ! pauvre Rosine, s'écrie Diderot en y pensant plus tard, que ne vendiez-vous des cerises ce jour-là !

La vierge qui devait être le chef-d'œuvre de Boucher n'était point achevée ; la figure était belle, mais le peintre n'avait pas encore pu y répandre le divin sentiment qui fait le charme d'une telle œuvre. Il espérait, il désespérait, il se recueillait et regardait Rosine ; enfin il était à cette barrière fatale, la barrière du génie, où s'arrêtent les talents sans force, — que çà et là le hasard fait franchir à ceux qui osent. Son amour pour l'art ou pour Rosine n'avait pu élever Boucher au-delà ; le sentiment biblique ne l'avait pas détaché des choses d'ici-bas, et, adorant la vierge Marie en Rosine, il adorait aussi, le profane ! une nouvelle maîtresse. La conversion n'était pas complète. Il hésitait entre l'amour divin, qui espère, et la volupté terrestre, qui se souvient ; entre l'art sévère, qui touche par la grandeur, et l'art souriant, qui séduit par la grâce. Il en était là de son œuvre, quand une nouvelle figure vint changer le cours de ses idées.

Il y avait quinze jours que Rosine posait, il n'y en avait pas deux que, sur un regard de la jeune fille, le peintre avait laissé tomber son pinceau. C'était un matin, vers onze heures ; Boucher préparait sa palette, Rosine dénouait sa chevelure.

— Savez-vous, lui disait-elle, que ma belle-mère commence à perdre patience ?… Savez-vous que je m'habitue trop doucement à venir ici ?… Savez-vous…

— Je sais tout cela, répondait Boucher d'un air distrait et d'un ton un peu brusque.

On sonna à la porte de l'atelier ; Rosine alla ouvrir, comme si elle eut été de la maison.

— Monsieur Boucher ? demanda une jeune fille ou une jeune femme qui franchit en rougissant le seuil de la porte.

— Qu'ai-je à faire pour vous ? dit Boucher en regardant dans

Arsène Houssaye

une glace la nouvelle venue. — Diable ! poursuivit-il comme en se parlant à lui-même, elle est bien jolie !

Il fit un pas à sa rencontre.

— Monsieur Boucher, je suis une pauvre fille sans pain. Si je n'avais pas ma mère malade et dénuée de tout, je parviendrais à vivre de mon aiguille ; mais, pour ma mère, je me résigne à devenir modèle. On m'a dit que j'avais une jolie main et une figure passable ; voyez, monsieur, croyez-vous que je puisse poser pour quelque chose ?

L'inconnue avait dit tout cela avec un air de trouble indéfinissable ; mais ce qui frappa surtout le peintre pendant qu'elle parlait, ce fut sa beauté coquette et séduisante. Adieu la Bible, adieu Rosine, adieu l'amour simple et grand. La nouvelle venue venait d'apparaître aux yeux de Boucher comme la fantaisie qu'il avait rêvée jusque-là. C'était bien cette muse, moins belle que jolie, moins touchante que gracieuse, qu'il avait recherchée avec tant d'ardeur. Il y avait dans cette figure ce qu'on trouve au ciel et à l'Opéra, un souvenir de la divinité transmis par le démon, ce qui agite du même coup le cœur et les lèvres, enfin ce je ne sais quoi qui charme et qui enivre sans élever l'âme dans les splendeurs du rêve. Elle était vêtue en simple fille du peuple, ce qui contrastait un peu avec la délicatesse de ses traits et de ses mouvements. Boucher, quoique assez bon physionomiste, ne découvrit ni art ni étude dans cette beauté ; elle masquait l'art et l'étude par de grands airs d'innocence. Il s'y laissa prendre. Qui s'en étonnerait, en songeant qu'il avait cru trouver la nature à l'atelier de Lemoine ou à l'Opéra ? Rosine était sa première leçon sérieuse, c'était la nature dans toute sa majesté naïve et vraie ; mais les instincts du peintre, instincts trompeurs ou viciés, ne pouvaient l'élever jusque-là. En voyant venir l'inconnue, il crut retrouver une figure de connaissance, une figure qu'il aurait vue dans un autre pays, ou même dans un autre monde. Aussi, quoiqu'elle fût vêtue en fille du peuple, il l'accueillit comme une amie.

— Quoi ! mademoiselle, lui dit-il d'un air d'admiration, vous dites que vous êtes passablement belle ? dites donc passionnément.

— Point du tout, dit-elle avec le plus joli sourire du monde.

— En vérité, mademoiselle, vous venez à propos ; je cherchais un beau sentiment à répandre sur cette vierge ; peut-être vais-je le trouver chez vous. Inclinez un peu la tête sur le cœur, posez la main sur ce fauteuil. — Vous, Rosine, détournez le rideau rouge.

Boucher ne vit pas le regard douloureux que lui lança la jeune fille ; elle obéit en silence, tout en se demandant si elle n'était plus bonne qu'à *détourner le rideau*. Elle alla s'asseoir dans un coin de l'atelier pour voir tout à son aise et sans être vue celle qui venait troubler son bonheur. Mais à peine était-elle sur le divan, que Boucher, qui aimait la solitude à deux, lui conseilla de retourner chez sa belle-mère, tout en lui recommandant bien de venir le lendemain de bonne heure. Elle sortit sans dire un mot, la mort dans le cœur, pressentant qu'elle serait oubliée pour celle qui restait en tête-à-tête avec son amant. Elle essuya ses larmes au bas de l'escalier. — Hélas ! que va dire ma belle-mère en me voyant si triste ? — Elle se promena dans la rue pour donner à sa tristesse le temps de s'évanouir.

— D'ailleurs, reprit-elle, en attendant un peu, je la verrai descendre à son tour ; je pourrai découvrir ce qui se passe dans son cœur. C'est décidé, je veux l'attendre.

Elle attendit. Plus d'une heure se passa ; le modèle posait pour tout de bon. Boucher gâtait à plaisir sa belle figure de vierge en voulant y mêler deux types.

Enfin la jeune fille sortit de l'allée avec un certain embarras, comme si elle eût commis une mauvaise action. Il avait plu dans la matinée, la rue était presque impraticable pour de jolis pieds. L'inconnue s'enfuit légère comme une chatte du côté du Palais-Royal. Elle s'arrêta devant une maison de pauvre apparence, regarda autour d'elle avec défiance, et disparut sous la porte d'entrée. Rosine l'avait suivie ; la voyant disparaître, elle remarqua la maison, et, n'osant aller plus loin dans sa curiosité, elle se décida à retourner aussi au logis. Mais une main invisible la retenait malgré elle ; il fallait qu'elle regardât à toutes les fenêtres de la maison : un pressentiment l'avertissait qu'elle reverrait l'inconnue. En effet, tout à coup, à sa grande surprise, elle crut la reconnaître qui sortait dans un tout autre costume. Cette fois, la jeune fille était vêtue en grande dame : robe de taffetas à queue qu'elle s'efforçait de mettre dans sa poche, mantelet, talons rouges, tous les accessoires.

— Et où va-t-elle dans cet équipage ? se demanda Rosine, qui la

Arsène Houssaye

suivait presque pas à pas.

La dame alla droit à un carrosse doré qui l'attendait devant le Palais-Royal. Un laquais se précipita au-devant d'elle pour ouvrir la portière. Elle s'élança dans le carrosse en femme habituée à y monter tous les jours.

— Je l'avais deviné, murmura Rosine ; il y avait dans ses manières, dans sa façon de parler, dans la fierté adoucie de son regard, je ne sais quoi qui m'étonnait. Elle avait beau prendre toutes sortes de masques, on finissait par la reconnaître. — Hélas ! l'a-t-il reconnue, lui ?

Le lendemain, Rosine se fit un peu attendre ; cependant le cruel ne lui dit pas, en la revoyant, ce doux mot qui console les absents, absents du cœur ou de la maison : Je vous attendais.

— Eh bien ! lui dit-elle après un silence, vous ne me parlez pas de votre grande dame ?

— Ma grande dame ? Je ne comprends pas.

— Vous ne l'avez donc pas deviné ? Ce n'était pas une fille du peuple, comme elle le disait, mais une belle dame, qui n'a pas grand'chose à faire. Je l'ai vue monter dans son carrosse. Quel carrosse ! quels chevaux ! quels laquais !

— Que dites-vous là ? Vous voulez me tromper ; c'est un mensonge.

— C'est la vérité. Croyez donc maintenant à ces grands airs d'innocence !

— Quelle singulière aventure ! dit Boucher en se passant la main sur le front. Reviendra-t-elle ? Qui donc a pu l'amener ici ? Elle ne m'a rien demandé.

A cet instant, Rosine vint appuyer ses mains jointes sur l'épaule du peintre.

— Elle ne vous a rien demandé ? Dit-elle avec une expression triste et charmante.

Boucher baisa le front incliné de sa maîtresse.

— Rien, dit-il ; c'est une énigme, je m'y perds.

— hélas ! elle reviendra.

— Qui sait ? Elle devait revenir ce matin. Voilà donc pourquoi elle ne voulait pas être payée pour la première séance.

— Aujourd'hui, je n'aurai garde d'ouvrir la porte.

— Pourquoi ? Quel enfantillage ! Seriez-vous jalouse ?

— Vous êtes bien cruel ! Est-ce que vous irez ouvrir la porte, vous ?

— A coup sûr.

Rosine s'éloigna en soupirant.

— Alors, dit-elle avec des larmes dans les yeux, la porte se refermera sur moi.

Rosine, pleurant d'amour et de jalousie, était d'une beauté adorable ; mais Boucher, par malheur pour elle et pour lui-même, ne voyait que la mystérieuse inconnue.

— Vous ne savez ce que vous dites, Rosine ; c'est de la folie.

Boucher avait parlé un peu durement ; la pauvre fille, blessée au cœur, s'avança vers la porte, et, d'une voix affaiblie, elle murmura un triste adieu. Sans doute elle espérait qu'il ne la laisserait point partir, qu'il viendrait à la porte, qu'il la prendrait dans ses bras et la consolerait par un baiser ; mais il n'en fit rien : il oubliait, l'ingrat, que Rosine n'était pas une fille d'Opéra, il croyait qu'elle *faisait semblant* comme toutes ces comédiennes sans cœur et sans foi. Rosine ne faisait pas semblant, elle écoutait sa naïve et simple nature ; elle avait donné tout ce qu'elle pouvait donner, plus que son cœur, plus que son âme ; il n'était pas étonnant qu'elle se révoltât d'être aimée si légèrement, comme par hasard. Elle ouvrit la porte, elle se tourna vers Boucher ; un seul regard tendre l'eût ramenée à ses pieds ; il se contenta de lui dire comme il eût dit à la première venue : Ne faites pas tant de façons, je n'aime pas les grands airs.

Ces paroles indignèrent Rosine. C'est fini, dit-elle, et au même instant elle ferma la porte. Le bruit de ses pas vint jusqu'au cœur de Boucher ; il voulut s'élancer vers l'escalier, mais il s'arrêta à la pensée qu'elle reviendrait. Une autre serait revenue, Rosine ne revint pas. Avec elle, Boucher perdit tout espoir de vrai talent. La vérité était venue à lui dans toute sa force, sa grandeur et sa beauté ; il ne put s'élever jusqu'à elle. Il se mit à la recherche de cette mystérieuse apparition qui personnifiait si poétiquement sa muse.

En vain il courut le beau monde, en compagnie de Pont de Veyle et du comte de Caylus. Il fut de toutes les fêtes et de tous les

Arsène Houssaye

spectacles, de toutes les promenades et de tous les soupers : il ne découvrit pas celle qu'il cherchait avec une si folle ardeur. Rosine n'était pas tout-à-fait bannie de sa pensée, mais dans ses souvenirs la pauvre fille n'apparaissait jamais seule, il voyait toujours son image en regard de celle de la dame inconnue. Un jour cependant, comme il contemplait sa vierge inachevée, il sentit que Rosine était encore dans son cœur ; il se reprocha l'abandon où il la laissait ; il résolut d'aller sur-le-champ lui dire qu'il l'aimait et qu'il l'avait toujours aimée. Il descendit et s'avança vers la rue Sainte-Anne, malgré un encombrement de fiacres et d'équipages. Une jeune fille passait de l'autre côté de la rue, un panier à la main. Il reconnut Rosine. Hélas ! ce n'était plus que l'ombre de Rosine, la douleur l'avait ravagée, l'abandon l'avait abattue sous ses mains glaciales. Il voulut traverser la rue pour la joindre ; un carrosse s'arrêta au passage, une femme mit la tête à la portière.

— C'est elle ! s'écria-t-il tout éperdu.

Il oublia Rosine, il suivit le carrosse résolu à toute aventure ; le carrosse le conduisit à un hôtel de la rue Saint-Dominique. Le peintre se présenta fièrement, une demi-heure après, sous le nom de Carle Vanloo, afin d'être reçu par la dame. Il fut reçu par le mari avec toutes sortes de bonnes grâces.

— Quoi ! M. Carle Vanloo, l'espoir de la peinture ! Soyez le bienvenu.

— Je crois, monsieur le comte, avoir ouï dire que Mme la comtesse ne dédaignerait pas mon pinceau pour faire son portrait.

— Elle ne m'en a pas dit un mot ; mais je vais vous conduire dans son oratoire.

Tout aventureux qu'il était, Boucher voulut presque rebrousser chemin ; mais comme il était aussi embarrassant de battre en retraite sans raison que d'affronter le péril, il se laissa conduire à l'oratoire.

Ici l'histoire se complique ; si elle ne m'éloignait de mon sujet, je prendrais plaisir à vous raconter ce qui se passa dans l'oratoire, comment Boucher y fut accueilli sous le nom de Carle Vanloo ; comment il apprit (M. le comte s'était retiré en mari qui connaît la bienséance) que la curiosité jointe à un peu d'ennui avait conduit la comtesse à son atelier pour faire juger sa beauté, une bonne fois pour toutes, par un homme compétent qui n'aurait pas de raisons pour mentir ; comment le peintre parvint, à force de séductions, à décider la comtesse à laisser faire son portrait, — c'était laisser faire bien des choses ; — comment enfin… mais vous avez deviné la suite. — Vous avez deviné qu'ils s'aimèrent, que l'amour passa vite comme il faisait alors, que Mme la comtesse se consola ailleurs, que le peintre… Revenons à Rosine.

Après l'ivresse de cette passion, la jeune fille délaissée revint flotter dans les souvenirs de Boucher. En voyant sa vierge où l'artiste profane avait mêlé l'impression de deux beautés, il vit bien que Rosine était la plus belle. La comtesse l'avait plus ardemment séduit, mais une fois le charme passé, il comprit encore que Rosine avait la beauté idéale qui ravit les amans et donne du génie aux peintres. Oui, dit-il avec regret, je me trompais comme un enfant ; la beauté divine et humaine, la vraie lumière, le sentiment céleste, c'était Rosine ; la séduction, le mensonge, l'expression qui ne vient ni du ciel ni du cœur, c'est la comtesse. J'ai gâté ma vierge comme un fou ; mais il est temps encore…

Il n'était plus temps. Il courut chez la fruitière, il demanda Rosine.

— Elle est morte, lui dit la belle-mère.

— Morte ! s'écria Boucher pâle de désespoir.

— Oui, monsieur le peintre, morte comme on meurt à dix-huit ans, des peines du cœur. Je ne parle que par ouï dire, elle a confié à une tante qui la veillait à ses derniers jours qu'elle mourait pour avoir trop aimé.- A propos, vous avez oublié de faire mon portrait ? et le sien ? je n'y pensais plus.

— Il n'est pas fini ! dit Le peintre tout défaillant.

Rentré à l'atelier, il s'abandonna à sa douleur ; il se jeta à genoux devant la vierge inachevée, il maudit cette fatale passion qui l'avait détourné de Rosine, il jura de vivre désormais dans le souvenir sanctifié de cette sœur des anges. Après avoir gémi durant une heure, il voulut, comme par inspiration soudaine, retoucher à sa figure de vierge. « Non ! non ! dit-il tout à coup, en voulant effacer ce qu'il y a de la comtesse n'effacerai-je point cette divine trace de ma pauvre Rosine ? » il descendit la toile du chevalet, la porta d'une main défaillante à l'autre bout de l'atelier, et l'appendit au-dessus du sopha où Rosine s'était assise pour la dernière fois

Arsène Houssaye

devant ses yeux. Il ne confia son profond chagrin qu'à deux ou trois amis, comme le comte de Caylus, Pont de Veyle et Duclos. Quand on remarquait chez lui la vierge inachevée, il se contentait de dire : « Ne me parlez pas de cela, car vous me rappelleriez que l'heure du génie a sonné pour moi. »

Section III

En ce beau temps, à moins d'être Rosine, on ne mourait pas de chagrin, on se consolait de tout ; Boucher se consola. Il se rejeta avec plus d'extravagance dans toutes les folies de la vie mondaine. Il avait passé à côté de la créature humaine telle que Dieu l'a faite, il passa à côté du paysage tel qu'il s'épanouit au soleil. Un jour qu'il redevenait raisonnable, ce ne fut qu'une vaine lueur, il sortit de Paris pour la première fois depuis son enfance. Où alla-t-il ? Il ne l'a point dit ; mais, selon une lettre à Lancret, il trouva la nature fort désagréable, trop verte, mal éclairée. N'est-il pas plaisant de voir un artiste de la force de Boucher trouver à redire à l'œuvre du plus grand artiste pour la couleur et pour la lumière ? Raphaël et Michel-Ange étaient bien vengés d'avance, car vous verrez tout à l'heure que Boucher n'était pas au bout de ses critiques. Ce qu'il y a de plus plaisant, c'est que Lancret répondait à Boucher : « Je suis de votre sentiment ; la nature manque d'harmonie et de séduction. » J'aime à me représenter Boucher au milieu d'une bonne campagne un peu rude, cherchant à comprendre, mais ne comprenant rien à ce grand spectacle digne de Dieu lui-même, n'entendant pas toutes ces hymnes d'amour que la nature élève au ciel par la voix des fleuves, des forêts, des oiseaux, des fleurs et de la créature humaine ; ne voyant pas cette sublime harmonie où se confondent la main de Dieu et la main des hommes, la main qui crée et la main qui travaille. Au milieu de toutes ces merveilles, Boucher devait continuer son chemin comme un exilé qui foule un sol étranger. Il cherchait ses dieux. Où est Pan ? où est Narcisse ? où est Diane chasseresse ? Il appelait, nul ne lui répondait, pas même Écho. Il cherchait les mortels qui lui étaient familiers ; mais où les trouver, ces fêtes galantes et champêtres ? Il ne voyait pas même une bergère dans la prairie. Rentré dans son atelier, il se pâmait de joie sans doute en retrouvant ses jolis paysages roses, où l'enchantement des fées était répandu. On le surnommait le peintre des fées avec beaucoup de sens ; il n'a vécu, il n'a aimé, il n'a peint que dans le monde des fées.

Après ces deux échecs décisifs, Boucher s'abandonna plus que jamais à la coquetterie espiègle et à la grâce maniérée de son talent. Son atelier redevint un boudoir très hanté des comédiennes. Il n'avait pas vingt-six ans ; il était recherché partout, d'abord pour son talent, ensuite pour sa bonne mine. Les académiciens seuls le repoussaient, parce qu'il avait les allures dédaigneuses d'un gentilhomme, parce qu'il se moquait un peu de la gravité de ces messieurs, peut-être aussi parce qu'il se moquait de l'art. Mais quels étaient alors les académiciens ! A part Jean-Baptiste Vanloo et Boulogne, ces messieurs avaient-ils le droit de repousser Boucher ? Aux yeux de tous les juges sensés, il remporta le prix de Rome ; cependant l'Académie ne jugea pas ainsi. Il n'en partit pas moins pour Rome : troisième et dernière tentative pour trouver l'art et la nature ; mais il donna raison à l'Académie, car il perdit son temps dans la cité des arts. Il trouva Raphaël fade et Michel-Ange bossu ; il osa le dire tout haut pardonnez-lui cette profanation ou cet aveuglement. « Critiquer Dieu, passe encore ; mais Raphaël, mais Michel-Ange ! » C'est Diderot qui parle ainsi.

Boucher était parti pour Rome avec Carle Vanloo ; il revint seul, sans argent, sans études, niant tous les chefs-d'œuvre. Que pouvait-on augurer alors d'un pareil peintre ? On ne désespéra pas de lui cependant. « Son esprit l'a perdu, son esprit le sauvera, » disait le comte de Caylus mot juste et profond qui peint bien le talent de Boucher. En effet, à peine de retour, il redevint à la mode ; il n'eut qu'à peindre pour être applaudi ; il eut des commandes à la cour, à l'église, au théâtre ; tous les grands hôtels, tous les châteaux splendides, s'ouvrirent à son gracieux talent. Il travailla le jour et la nuit, se moquant de tout le monde et de lui-même, créant comme par magie des Vénus dans des chœurs d'anges et des anges armés de flèches. Il avait bien le temps d'y regarder de si près. Il allait, il allait, rapide comme le vent, achevant le même jour une *Visitation* pour Saint-Germain-des-Prés, une *Vénus à Cythère* pour Versailles, un dessin pour des décors d'opéra, un portrait de duchesse et un tableau de mauvais lieu, inspiré tour à tour par Dieu et Satan, ne croyant plus à la gloire, se donnant corps et âme à la fortune. Durant tout le reste de sa vie, il ne se fit pas moins de cinquante mille livres de revenu, c'est-à-dire cent mille livres d'aujourd'hui. Il mena grand train. Outre son revenu, il fit des dettes ; il afficha la philosophie du temps ; il se moqua de tout ce qui était noble, digne et grand ; il mit en doute Dieu et tout ce qui nous vient de Dieu, la vertu du cœur, les aspirations de l'âme. Il donna des fêtes royales, une entre autres qui lui coûta plus d'une année de travail, fête célèbre appelée la fête des dieux. Il avait voulu représenter l'olympe et toutes les divinités païennes. Il s'était déguisé en Jupiter ; sa maîtresse, déguisée en Hébé, c'est-à-dire très court vêtue, avait passé la nuit à verser de l'ambroisie à tous les dieux et à toutes les déesses de contrebande. Les académiciens, surpris de ces hauts faits, se décidèrent à accueillir Boucher, dont l'école bruyante avait effacé l'Académie. Boucher, nommé, n'en devint pas davantage académicien. Il continua de vivre en enfant prodigue et de peindre en artiste sans foi.

Il ne se contentait pas de peindre, il gravait et sculptait ; il a gravé un grand nombre de sujets de Watteau ; il a sculpté en petit des groupes et des figurines pour Sèvres. Sa gravure et sa sculpture sont dignes de ses meilleurs tableaux ; c'est la même grâce, le même esprit et le même sourire. En se multipliant ainsi, Boucher se répandait partout : on voyait en même temps ses amours joufflus sur les chenets, ses nymphes sur les pendules, ses gravures dans les livres, ses tableaux de toutes parts.

Boucher cependant ne vendait pas ses œuvres à un très haut prix ; il devait son grand revenu à sa prodigieuse facilité. Mme Geoffrin lui avait acheté deux de ses plus jolis tableaux moyennant deux mille écus ; ce ne furent pas d'ailleurs les plus mal payés. L'impératrice de Russie les racheta à Mme Geoffrin moyennant trente mille livres. Mme Geoffrin alla au plus vite trouver Boucher et lui dit : « Je vous avais bien dit que les tableaux sont placés chez moi à hauts intérêts ; voilà vingt-quatre mille livres qui vous reviennent pour *l'Aurore* et *Thétis*. » Ce n'était pas la première fois que la bonne Mme Geoffrin se livrait à ce commerce ; elle avait commencé avec Carle Vanloo.

Peu de temps après son retour de Rome, il devint amoureux d'une jeune fille de la bourgeoisie, M Marie Perdrigeon. C'était, selon les mémoires, une des plus belles femmes de France, peut-être la plus belle. Son portrait est à Versailles. Raoux l'a représentée en vestale. Vous pouvez la voir entretenant le feu sacré, — le feu sacré de qui ? — non pas de Boucher ni d'elle-même, car, s'il y a du feu sacré dans ce tableau, il est dans les regards de la vestale. Boucher l'aima si éperdument, que, n'espérant pas la séduire, il se résigna à en passer par le mariage, « quoique, disait-il plaisamment, le mariage ne fût pas dans ses habitudes. » Devenue sa femme, elle posa souvent pour ses vierges et ses Vénus ; on la reconnaît çà et là dans l'œuvre de Boucher. Mais ce qui était plus digne de lui et d'elle-même, elle lui donna deux filles charmantes, qui semblèrent se modeler sur les plus fraîches et les plus jolies images du peintre. Elle mourut à vingt-quatre ans, « trop belle, disait Boucher inconsolable, pour vivre longtemps sous le ciel de Paris. Moins de dix-sept ans après son mariage, Boucher mariait ses filles à deux peintres qui n'étaient pas de son école, Deshays, qui eut presque du génie, et Baudouin, qui eût été le La Fontaine de la peinture, si la naïveté ne lui eût fait défaut. Mme Boucher et ses deux filles passèrent leur vie dans l'éclat du monde et dans les larmes. Toutes belles et toutes charmantes qu'elles étaient, elles se virent souvent délaissées pour des filles d'Opéra ou d'autres femmes de hasard. Boucher, Deshays et Baudouin avaient mordu à la grappe amère des mauvaises passions ; ils ne furent qu'un instant sensibles à la grâce et à la vertu de l'épouse ; le chaste parfum du foyer ne tint point leur cœur sous le charme ; il fallait une plus folle ivresse à ces âmes perdues, il fallait une coupe moins pure à ces lèvres souillées. Ce n'était point assez des cheveux odorants de l'épouse pour enchaîner leur amour, ils recherchaient les bras lascifs, les étreintes mortelles, toutes les chaînes aiguës de la volupté. Ils en moururent tous les trois en même temps, en moins d'une année, le plus jeune le premier, Boucher le dernier, après avoir été témoin du désespoir de ses complices. Deshays était peut-être le seul grand peintre venu après Lesueur ; il avait le sentiment de l'idéal et de la grandeur. Aussi Boucher, homme de bon sens quelquefois, voyant un pareil élève dans son atelier, se garda bien de lui donner des leçons ; il se contenta de lui donner sa fille, lui disant dans sa gaieté : « Étudie avec elle. » Pour Baudouin, c'était Greuze et Boucher en miniature, ou, selon Diderot, « du Fontenelle brouillé avec du Théocrite. »

Arsène Houssaye

Boucher poursuivit donc sa carrière dans la même voie fatale où il s'était perdu sur les pas de son maître. Malgré tout l'argent qu'il gagnait et toutes les glorioles de chaque jour, il ne fut jamais heureux : il lui a toujours manqué la conscience du cœur et celle du talent. Il avait trop bien le sentiment de ses fautes d'homme et de ses fautes de peintre ; il comprenait, qu'il gaspillait en vaines étincelles le peu de feu sacré que le ciel avait allumé dans son âme aux beaux jours de sa jeunesse ; il pressentait que son œuvre périrait avec lui. Pour se distraire de ces désolantes idées il épuisa toutes les distractions. Sur la fin de sa vie, il se rapprocha un peu de la nature ; il lui fit bâtir, comme pour faire amende honorable, une espèce de temple, c'est-à-dire un cabinet d'histoire naturelle où Buffon a plus d'une fois étudié. A sa mort, ce cabinet fut vendu cent mille livres. Ce fut tout ce que Boucher laissa d'une grande fortune. C'était, disait-il, pour payer son enterrement.

Il ne cessait pas d'aller dans le monde. Mme Geoffrin, qui avait recueilli la société de Mme de Tencin, donnait deux dîners par semaine, le lundi aux artistes, le mercredi aux gens de lettres. Marmontel, qui ne dînait guère alors qu'à la condition de dîner en ville, était à table chez Mme Geoffrin le lundi et le mercredi. Dans ses mémoires, il passe en revue les convives ; il dit à propos des artistes : « Je n'avais pas de peine à m'apercevoir qu'avec de l'esprit naturel ils manquaient presque tous d'instruction et de culture. Le bon Carle Vanloo possédait à un haut degré tout le talent qu'un peintre peut avoir sans génie ; mais l'inspiration lui manquait, et, pour y suppléer, il avait fait peu de ces études qui élèvent l'âme et qui remplissent l'imagination de grands objets et de grandes pensées. Vernet, admirable dans l'art de peindre l'eau, l'air, la lumière et le jeu de ces éléments, avait tous les modèles de ces compositions très vivement présents à la pensée, mais hors de là, quoique assez gai, c'était un homme du commun. Latour avait de l'enthousiasme ; mais, le cerveau déjà brouillé de politique et de morale dont il croyait raisonner savamment, il se trouvait humilié lorsqu'on lui parlait peinture. S'il fit mon portrait, ce fut pour la complaisance avec laquelle je l'écoutais réglant les destins de l'Europe. Bouclier avait du feu dans l'imagination, mais peu de vérité, encore moins de noblesse ; il n'avait pas vu les grâces en bon lieu ; il peignait Vénus et la Vierge d'après les nymphes des coulisses, et son langage se ressentait, ainsi que ses tableaux, des mœurs de ses modèles et du ton de son atelier. »

Mme de Pompadour et Mme Dubarry aimaient le talent de Boucher. Quoi de plus naturel ? Ce talent ne semblait-il pas fait pour les peindre, ces reines de hasard ? N'étaient-ce pas encore deux de ces muses à qui il demandait ses inspirations ? N'avaient-elles pas la grâce coquette, l'œil pervers et la bouche souriante qui faisaient le charme des femmes de Boucher ?

Il devint premier peintre du roi à la mort de Carle Vanloo ; il fut élevé à cette dignité sans surprendre personne. On ne s'étonnait de rien alors que Mme Dubarry était assise sur le trône de Blanche de Castille. D'ailleurs, tel roi, tel peintre. Louis XIV et Lebrun, Louis XV et Boucher n'avaient-ils pas la même majesté ?

De toute cette génération couronnée de roses fanées, Boucher mourut le premier, au printemps de 1770, le pinceau à la main, quoiqu'il fût malade depuis longtemps. Il était seul dans son atelier ; un de ses élèves voulut entrer : N'entrez pas, » dit Boucher, qui peut-être se sentait mourir. L'élève referma la porte et s'éloigna. Une heure après, on trouva le peintre François Boucher expirant devant un tableau de Vénus à sa toilette.

Il donna le branle : tous les peintres galants, tous les abbés galants, tous les poètes galants, le suivirent bientôt chez les morts, le roi de France à leur tête, appuyé sur son lecteur ordinaire, Moncrif, qui ne lui avait jamais rien lu, et sur son fameux bibliothécaire, Gentil-Bernard, qui ne feuilletait que les jupes de l'Opéra. J'aime à me représenter ce tableau moitié funèbre et moitié bouffon de tous ces hommes d'esprit qui partaient gaiement, mais qui s'obstinaient à dire un bon mot avant de mourir, pour mourir comme ils avaient vécu. En peu d'années, on vit descendre dans la tombe tout ce qui avait été l'esprit, la joie, l'ivresse, la folie du XVIIIe siècle. Sans parler de Mme de Pompadour, de Boucher, de Louis XV et des comédiennes célèbres, comme Mme Favart et Mlle Gaussin, ne voit-on pas dans le lugubre cortège Crébillon et ses contes libertins, Marivaux et ses fines comédies, l'abbé Prévost et sa chère Manon, Panard et ses vaudevilles, Piron et ses saillies, Dorat et ses madrigaux, l'abbé de Voisenon et les enfants de Favard, son œuvre la plus certaine ? Qui encore ? Rameau, Helvétius, Duclos,

Voltaire, Jean-Jacques Rousseau ; est-ce assez ? Que va-t-il donc rester pour finir le siècle ? Il restera la reine Marie-Antoinette, qui a aussi vécu de cette folle vie, qui a souri comme les femmes de Boucher, qui sera punie pour tout ce beau monde, qui mourra sur la guillotine, autre calvaire, entre une fille de joie, Mme Dubarry, et un hideux roi de la populace, Hébert, qui mourra avec la dignité du Christ, couronnée de cheveux blanchis durant une nuit d'héroïque pénitence.

Section IV

Cette histoire de Boucher a sa logique, la vie du peintre concorde avec son œuvre ; il n'y a pas plus de vérité dans cette passion que dans cette peinture : il faut pourtant prendre l'une et l'autre comme l'expression d'une époque. C'est par là, d'ailleurs, que Boucher a survécu ; il a cela pour lui qu'il fut bien de son temps, qu'il nous en montre un côté très vrai dans son mensonge, et, parce que le portrait est ressemblant, il a un charme qui plait de prime-abord et qui vaut la peine d'être étudié. Boucher ne doit trouver en nous qu'un blâme presque bienveillant ; son individualité subsiste, on la regarde encore même qu'on ne l'accepte plus. Non, cette peinture n'a pas une valeur absolue dans les annales de l'art ; c'est à peine un épisode d'un intérêt très restreint, puisque c'est une dégénérescence. Entre deux époques sérieuses, cette frivole période s'efface. Le XVIIIe siècle est le fils prodigue et débraillé d'un âge digne et grave. Boucher est à Lesueur ce que Fontenelle est à Corneille. L'afféterie, le faux goût, ont tourmenté les types, l'esprit a gâté le naturel, et la beauté, cette loi éternelle de l'art, n'est plus désormais qu'un gracieux caprice.

Boucher semble-t-il réclamer un jugement approfondi ? En disant qu'il fut le peintre des grâces coquettes, n'a-t-on pas tout dit ? En consultant plus familièrement sa personne et son œuvre, on n'ose prononcer ainsi d'un seul mot. Plus d'une grande inspiration a passé dans son âme, plus d'une fois le souvenir de Rosine a tressailli dans son cœur. La nature a sur nous des droits éternels ; nous avons beau la fuir, elle nous ressaisit toujours. Ne jugeons donc pas Boucher au passage, feuilletons son œuvre d'une main patiente. N'y a-t-il donc rien de grand ni rien de beau sous ces séductions mensongères ? La lumière du soleil et la lumière de l'art n'ont-elles jamais éclairé ces paysages et ces figures ? Boucher n'a-t-il pas une seule fois saisi la vérité de la nature et de l'art ?

La grande galerie du Louvre n'a pas un seul de ses tableaux. Il me semble cependant qu'il a bien mérité une petite place en belle lumière entre ses amis Watteau et Greuze. Qui donc se plaindrait de voir comment peignait il y a cent ans celui qui devint premier peintre du roi, directeur de l'Académie et des Gobelins ? Pour ceux qui étudient, il y aurait à faire de curieuses comparaisons ; pour ceux qui ne cherchent qu'une distraction de l'esprit, il y aurait de jolis horizons de plus. On a en France une singulière façon d'être national. On fait si bien l'hospitalité aux étrangers, qu'il ne reste plus de place pour les gens du pays. Depuis quelques années, il est vrai, on a daigné accorder un asile à Boucher dans une galerie mal éclairée, celle du bord de l'eau, qui ressemble fort au cimetière de l'art, à en juger par le silence et la solitude qui y règnent. Il y a donc là deux tableaux du peintre de Louis XIV, les premiers chapitres de ses *Amours pastorales*. Rien n'est plus doux au regard ; on s'avance émerveillé, l'œil se perd dans le mystère voluptueux du paysage, on sourit à ces reines déguisées en bergères. On se détache du présent, on suit au vol ces colombes amoureuses, on s'égare tout ému dans ces bosquets odorants. Où va-t-on ? sur les bords du Lignon, ou dans les sentiers de Cythère ? De quel Éden rose et fleuri foule-t-on l'herbe naissante ? Le rêve ne dure qu'un instant ; ce paradis terrestre n'a jamais existé nulle part. Ces bergers n'ont jamais vécu, ce sont de pâles ombres de Watteau que Boucher a ranimées avec des roses. On s'en éloigne bientôt sans garder le charme qui vous avait saisi à la première vue, car Boucher avait surtout l'art de répandre un air de magie sur toutes ses fautes.

J'ai sous les yeux trois ou quatre de ses tableaux : *l'ivresse des Amours*, *Jupiter enlevant Europe*, *Mercure enseignant à lire à Cupidon*, *l'Escarpolette* et *le Panier fleuri*. Ce dernier tableau est le plus joli. Le voici en deux mots : la bergère Astrée sommeille pieds nus, cheveux au vent, à deux pas d'une fontaine, contre une haie touffue et sans épines, du moins les épines sont cachées ; les jolis moutons blancs ruminent ou bondissent sur la prairie, où il y a plus de fleurs que de brins d'herbe ; le chien, tout enrubanné, veille sur le troupeau et en même temps sur l'imprudente bergère ; le ciel est d'une sérénité divine. Cependant quelques nuages çà et là, les nuages de l'amour. Il se fait un silence presque nocturne, à peine si on entend sourire la brise ; mais n'entend-on pas battre le cœur d'Astrée ? Elle sommeille, mais elle rêve ; on voit, au frémissement de ses jolis pieds, que c'est un rêve d'amour. Patience, le tableau s'anime et le berger Aminthe vient du bosquet voisin, vrai bosquet de Cythère ; il porte à la main un beau panier de fleurs, des fleurs de toutes les saisons ; le peintre les a cueillies sans ouvrir son almanach. Il y a même dans ce bouquet une fleur de nouvelle espèce à demi cachée par les autres ; cette fleur, qui gâte un peu le bouquet, mais qui ne gâte rien à l'affaire, c'est un billet doux. Le berger s'avance avec mystère, il sourit au chien vigilant, il suspend son panier fleuri à la haie touffue, contre le bras de la dormeuse qui ne dort plus, mais qui fait semblant. — Que celle qui n'a pas fait semblant de dormir lui jette la première pierre. — Astrée écoute donc, les yeux fermés ; elle entend le vent qui passe dans les roseaux, le murmure rafraîchissant de la fontaine ; quoi encore ? Vous le devinez : elle entend les roucoulements du ramier et les soupirs du berger Aminthe ; elle respire un doux parfum de verdure, mais surtout l'enivrant parfum du panier fleuri. O pauvre innocente ! prends garde à l'amour, il est là qui saisit une flèche ! Le berger Aminthe s'est avancé d'un pas, sa bouche en a fait deux ; ici le chien jappe malgré les caresses du traître, mais le chien avertit trop tard la dormeuse, le baiser est surpris. Presque tout Boucher se retrouve dans ce seul tableau ; c'est là son esprit amoureux, sa grâce factice, son paysage qui soupire et qui sourit.

Au cabinet des estampes, les deux volumes de Boucher ne renferment pas le quart de son œuvre. Il faut encore chercher ailleurs les meilleures gravures faites d'après lui et quelquefois par lui-même ; ainsi il a gravé de main de maître le seul bon portrait de Watteau qui nous reste. En voyant ces deux hommes, Watteau et Boucher, on ne découvre pas du tout le caractère de leur talent ; ils sont sans grâce et presque sans esprit Watteau est dur et lourd, Boucher a un certain air romain. En les voyant et en voyant leur œuvre, Lavater serait fort embarrassé. Pour Boucher, le physionomiste donnerait raison à son système en se rejetant sur le costume ; en effet, Boucher était vêtu comme Dorat, avec la même grâce et la même recherche.

S'il vous prend la fantaisie ou la curiosité de consulter l'œuvre de Boucher au cabinet des estampes, vous trouverez d'abord une *Rachel* qui rappelle un peu sa chère Rosine, à l'autre page un *Christ* théâtral des plus drôles, à la suite une *Descente de Croix* qui a bien le sentiment des descentes de la Courtille ; des *Saints* qui n'iront jamais dans le paradis ; des *Eléments* et des *Saisons* représentés par des amours joufflus, avec des vers du même goût ; des *Muses* qui ne vous inspirent pas ; un *Enlèvement d'Europe* qui rappelle M Boucher ; Vénus à tous les âges ; d'assez curieuses imitations de David Teniers ; un portrait de Boucher au temps où il se faisait peintre flamand : il est dans tout l'attirail champêtre, vêtu d'une pelisse et coiffé d'un bonnet de coton. Après avoir échoué dans la vérité, il revient à la grâce. Après ces imitations de David Teniers, vous trouverez les *Amours pastorales*, qui sont les chefs-d'œuvre de Boucher. Il y a là de l'imagination, de la volupté, de la grâce, de la magie et même du paysage. Saluez ensuite *Babet la bouquetière*, une *Erato*, celle qui inspirait Boucher et non pas la muse des Grecs ; des vendangeuses, des jardinières, des mendiantes, des moissonneuses, silhouettes piquantes presque dignes de Callot ; saluez ces Chinoises qui semblent se détacher de votre paravent, de votre éventail ou de vos porcelaines orientales. Revenons en France. Par malheur, Boucher resta toujours un peu chinois. Mais patience, voilà de la vraie comédie, la comédie de Molière, toutes les scènes sont là saisies d'une manière piquante et presque naturelle. Les derniers Valères ne sont pas morts, ni les dernières Célimènes. Messieurs les comédiens ordinaires du roi trouveront beaucoup à étudier là, s'ils ne l'ont pas fait. Pour mon compte, je me contenterais bien de la façon dont Boucher joue les comédies de Molière.

Le second volume s'ouvre par les *Grâces*, les Grâces au bain, les Grâces partout ; revient *Cupidon*, toujours Cupidon, cette fois enchaîné par les Grâces, avec ces vers du cardinal de Bernis :

Que de volages enchaînés
Avec la ceinture des Grâces !

La ceinture des Grâces est une guirlande de fleurs. Vient ensuite, on ne pouvait pas mieux la placer, Mme de Pompadour ; mais le peintre l'a prise trop vieille pour en faire une Grace. La scène change. Nous trouvons des gravures allemandes d'après Boucher. Boucher gravé par des Allemands sérieux : quelle traduction grotesque ! Ici le peintre nous montre son écriture ; c'est l'écriture claire et gracieuse de Jean-Jacques Rousseau. Nous passons aux sujets religieux ; mais ne craignez rien, Boucher saura rire encore. Ce sont les dessins du bréviaire de Paris, faits sans doute après des dessins de petites maisons ; c'est une assez jolie satire : ainsi il fait planer la Foi sur les Invalides et l'Espérance sur le Louvre et les Tuileries. L'archevêque et le roi n'ont pas compris. Nous ne sommes pas au bout ; il y a encore une belle foire de campagne, de jolis dessins de romans, des cris de Paris assez franchement jetés, une poétique composition d'une séance de bonne aventure en plein champ, un olympe où tous les dieux sont hardiment créés.

Toutes ces créations ne font pas un grand peintre, mais ne protestent-elles pas avec raison contre certains airs dédaigneux dont on accable Boucher ? Pour bien juger un artiste de second ordre, il faut le voir dans son siècle, en face de son œuvre et de ses contemporains, après l'avoir vu à distance. Il faut l'entendre, pour ainsi dire, et non prononcer comme par défaut. Si Boucher pouvait nous parler, il nous dirait : « J'ai vu ce qui se passait autour de moi, j'ai vu que la religion, la royauté, le génie, toutes les grandes choses, s'altéraient, succombaient, s'effaçaient. Pouvais-je devenir un génie au milieu de tous ces nains ; d'ailleurs en avais-je l'étoffe ? Je ne suis mis à la taille de tout le monde. On riait, on faisait l'amour, on se grisait après souper. J'ai ri, j'ai fait l'amour, je me suis grisé, vous pouvez le voir à mes tableaux. Les prêtres se jouaient de la religion, les rois de la royauté, les poètes de la poésie ; ne trouvez pas étonnant que je me sois joué de la peinture. Je n'ai fait de mal à personne, du moins par ma volonté. J'ai gagné deux millions à coups de pinceau, c'était autant de pris sur les riches ; j'en ai fait si bon usage, que j'ai laissé à peine de quoi me faire enterrer. Maintenant, si vous voulez savoir à qui je dois mon mauvais talent, je vous répondrai que je n'en sais rien ; j'ai aimé Watteau, j'ai aimé Rubens, j'ai aimé Coustou. »

Watteau, Rubens, Coustou, voilà les trois maîtres de Boucher, mais il n'a jamais eu l'esprit étincelant du peintre des *Fêtes galantes*, ni la touche splendide du grand coloriste flamand, ni la noblesse adorable du sculpteur français. Il faut dire que le marbre ennoblit. A côté de ces trois maîtres, Boucher peut encore se montrer çà et là ; plus d'un homme épris du passé sourira à sa grâce coquette, à son imagination follement enjouée, à la vapeur bleuâtre de ses paysages, aux mystères voluptueux de ses bosquets, à ses figures si fraîches, qu'elles semblent nourries de roses, selon l'expression d'un ancien.

Pour bien étudier Boucher, il faudrait visiter les châteaux royaux où il a traduit à grands traits toutes les scènes de la mythologie. Ses plus jolis chefs-d'œuvre licencieux étaient à Trianon ; on en retrouve quelques-uns dans une galerie du boulevard Beaumarchais. Ce sont des panneaux qui se métamorphosent au gré des visiteurs. Si vous êtes un homme, vous verrez les amours de Vénus ; si vous êtes une dame, les panneaux feront un demi-tour, et vous verrez des scènes d'Évangile à la façon de Boucher.

Diderot n'aimait pas Boucher ; Diderot, qui fondait une encyclopédie, qui inventait le drame bourgeois ; qui ouvrait une école de mœurs, ne devait rien comprendre au peintre de Mme de Pompadour et de Mme Dubarry, d'autant plus qu'il se laissait un peu guider dans ses idées sur la peinture par Greuze, ennemi né de Boucher. Voici d'ailleurs comment Diderot juge ce peintre dans tout son franc parler :

« J'ose dire que Boucher n'a pas vu un instant la nature, du moins celle qui est faite pour intéresser mon ame, la vôtre, celle d'un enfant bien né, celle d'une femme qui sent ; entre une infinité de preuves que j'en donnerais, une seule suffira : c'est que, dans la multitude de figures d'hommes et de femmes qu'il a peintes, je défie qu'on en trouve quatre propres au bas-relief, encore moins à la statue. Il y a trop de mines, de petites mines, de manières, d'afféterie, pour un œil sévère. Il a beau me les montrer nues, je vois toujours le rouge, les mouches, les pompons et toutes les fanfioles de la toilette. Croyez-vous qu'il ait jamais eu dans sa tête quelque chose de cette image honnête et charmante de Pétrarque :

E'l riso, e'l canto, e'l parlar dolce, humano ?

Ces analogies fines et délicates qui appellent sur la toile les objets et qui les lient par des fils imperceptibles, sur mon Dieu ! il ne sait ce que c'est. Toutes ces compositions font aux yeux un tapage insupportable, c'est le plus mortel ennemi du silence que je connaisse. Quand il fait des enfants, il les groupe bien ; mais qu'ils restent à folâtrer sur les nuages ; dans toute cette innombrable famille, vous n'en trouverez pas un à employer aux actions réelles de la vie, s'étudier sa leçon, à lire, à écrire, à tisser du chanvre. Ce sont des natures romanesques, idéales, de petits bâtards de Bacchus et de Silène. Ces enfants-là, la sculpture s'en accommoderait assez sur le tour d'un vase antique. Ils sont gras, joufflus, potelés. Si l'artiste sait pétrir le marbre, on le verra. Ce n'est pas un sot pourtant ; c'est un faux bon peintre, comme on est un faux bel-esprit. Il n'a pas la pensée de l'art, il n'en a que le concetti. » Après ce préambule Diderot daigne pourtant déclarer, à propos de quatre pastorales, que « Boucher a des moments de raison, qu'il a créé là un poème charmant. » Plus tard il revient un peu de sa sévérité. « J'ai dit trop de mal de Boucher, je me rétracte ; j'ai vu de lui des enfants bien naïvement enfants. Boucher est gracieux et n'est pas sévère, mais il est difficile d'allier la grâce à la sévérité. »

A la suite de ce jugement, ne peut-on pas reproduire celui de Grimm : « On l'appelait le peintre des Grâces, mais ses Grâces étaient maniérées ; c'était un maître bien dangereux pour les jeunes gens. Le piquant et la volupté de ses tableaux les séduisaient, et, en voulant l'imiter, ils devenaient détestables et faux. Plus d'un élève de l'Académie s'est perdu pour s'être livré à cette séduction. On pouvait appeler Boucher le Fontenelle de la peinture : il avait son luxe, sa recherche, son précieux, ses grâces factices ; mais il avait plus de chaleur que Fontenelle, qui, étant plus froid, était aussi plus sage et plus réfléchi que Boucher. On pourrait faire un parallèle assez intéressant entre ces deux hommes célèbres : l'un et l'autre, dangereux modèles, ont égaré ceux qui ont voulu les imiter. L'un aurait perdu le goût en France, s'il ne s'était pas montré immédiatement après lui un homme qui, joignant le plus grand agrément à la simplicité et à la force du style, nous a dégoûtés pour jamais du faux bel-esprit ; l'autre a peut-être perdu l'école française sans ressource, parce qu'il ne s'est pas trouvé à l'Académie de peinture un *Voltaire* pour préserver les élèves, de la contagion. »

Boucher, qui a eu plus de cent élèves, n'a pas laissé d'école.

Section IV

Fragonard seul, parmi ses élèves, a rappelé souvent la façon du maître ; aussi Fragonard s'est-il perdu plus avant dans l'oubli avec une nature mieux douée. Greuze ; tout en dédaignant Boucher avec son ami Diderot, a rappelé aussi la fraîcheur et le sourire de ce peintre. En effet, Boucher n'est-il pour rien dans *la Cruche cassée* ?

David fut aussi élève de Boucher sans doute parce qu'il était son cousin ; mais là les leçons du maître n'ont pas laissé de traces dans le disciple. Tout en aimant Boucher, David craignit de suivre son exemple. Telle est la funeste condition d'un excès dans les arts que la réaction qui le suit ramène de prime abord l'excès opposé. Pour les esprits sérieux, Boucher qui s'en va explique peut-être David qui vient ; l'un raidira la grandeur après que l'autre aura maniéré la grâce. Boucher n'aura été qu'un peintre de fantaisie pour avoir enjolivé la nature ; David ne sera le plus souvent qu'un peintre de convention, parce qu'il cherchera la vérité dans les types d'une statuaire idéale. Ainsi tous les deux, l'un dans les vallons presque oubliés, rentre près des fiers sommets, auront manqué le but et combattu sans triompher. La nature était là pourtant, toujours là, elle prodiguait ses merveilles sous leurs pieds, elle leur ouvrait par-delà les monts ses horizons infinis. O peintre menteur des bergères d'opéra, de vrais moutons paissaient sur le flanc des collines, de vrais forêts pendaient sur les vallées profondes, un pâtre appelait au son de sa trompe toutes les vaches du hameau. Jacqueline allait casser sa cruche à la fontaine, Marianne chantait à sa fenêtre, Marguerite berçait son enfant en filant à la quenouille ; vous n'avez pas su voir, et vous avez fait une nature sans parfum, sans saveur, sans vie, vous avez fait de l'âme humaine un éternel sourire sur la face de comédiennes fardées. Que n'avez-vous su deviner André Chénier ou vous rappeler Théocrite ?

Et pourtant les dédaigneux auront beau dire, Boucher vivra dans l'histoire de la peinture française, Il n'a point élevé son front jusqu'à cette couronne d'or que le génie a mise sur la tête de Poussin et de Lesueur, il n'a pu saisir dans sa main profane la chaîne du divin sentiment qui a inspiré tous les grands peintres, qui part en France de Poussin pour aboutir à Géricault après avoir touché le front de Lesueur et de quelques autres moins sévères ; mais, comme un autre Anacréon, Boucher s'est couronné de pampre avec ses maîtresses, et, d'une main distraite il a effeuillé cette guirlande de

Arsène Houssaye

fleurs qui est la ceinture des Grâces, cette guirlande qui était, il y a bientôt un siècle, la ceinture de la France.

ISBN : 978-1548828349

www.ingramcontent.com/pod-product-compliance
Lightning Source LLC
Chambersburg PA
CBHW071730170526
45165CB00005B/2228